CODE

ET

CALENDRIER

DES COURSES

DE

CHANTILLY.

1839.

PARIS.

IMPRIMERIE DE FÉLIX MALTESTE ET Cie,

RUE DES DEUX-PORTES-SAINT-SAUVEUR, N° 18.

Près du passage du Grand-Cerf.

1839

CODE

ET CALENDRIER

DES COURSES

De Chantilly.

CODE

ET

CALENDRIER DES COURSES

DE

CHANTILLY.

1839.

PARIS.

IMPRIMERIE DE FÉLIX MALTESTE ET Cie,

RUE DES DEUX-PORTES-SAINT-SAUVEUR, N° 18,

Près du passage du Grand-Cerf.

1839

A MONSEIGNEUR

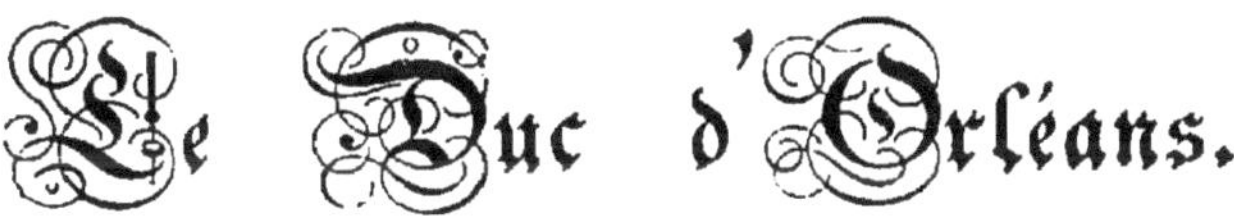

Monseigneur,

L'éducation et l'élève du cheval, cette branche importante de l'industrie agricole, ont pris, depuis quelques années, un salutaire développement. Leurs résultats intéressent le commerce, les circulations, le pauvre et le riche, le peuple et l'armée; c'est une des utilités sociales.

Désormais, les esprits sérieux ne considèrent plus les courses de chevaux comme des fêtes frivoles, de simples jeux olympiques, de stériles gageures; mais bien, comme des épreuves qui fraient la voie du progrès, comme le contrôle unique, incontestable, de la bonne ou mauvaise production chevaline.

Ce sont des considérations aussi graves qui ont déterminé V. A. R. à leur accorder, non pas un bienveillant patronage, mais une protection sérieuse, un concours efficace.

La première, la Société d'Encouragement a proclamé le dogme du pur sang, et depuis, l'administration des haras, avec un empressement qui fait honneur à ses lumières, a reconnu avec elle, que si, dans un pays, le cheval de pur sang n'est pas conservé dans l'intégrité de son type originel, la race entière dégénèrerait infailliblement. L'expérience, venant en aide, a démontré qu'il ne suffisait pas d'entretenir le cheval de pur sang, mais encore qu'il ne fallait lui accorder le privilège de l'étalon que s'il était sorti avec gloire des épreuves décisives de la lutte.

De là cette nécessité de courses nombreuses, pour exciter l'émulation des éleveurs; de là aussi l'établissement de prix considérables, destinés à les indemniser de sacrifices qui profitent au pays, alors qu'eux-mêmes n'en retirent souvent aucun fruit.

C'est dans le but de protéger ces intérêts et de hâter le jour où la France pourra s'affranchir du tribut qu'elle paie chaque année à l'Angleterre et à l'Allemagne, que vous n'avez pas cru inutile, Monseigneur, de fonder les courses de Chantilly.

Frappées des avantages de cette institution, la Société d'Encouragement, l'administration des haras, (avec une libéralité qui leur assure la reconnaissance des éleveurs) votent chaque année des sommes considérables pour y être disputées en prix.

Aujourd'hui que des capitaux importans sont représentés, tant par la quantité croissante des chevaux amenés au concours, que par l'élévation des primes qui leur sont offertes, vous avez pensé, Monseigneur, que cette œuvre, qui est la vôtre, resterait imparfaite, si les relations des éleveurs entre eux, et les intérêts débattus au printemps sur la pelouse de Chantilly, n'étaient fixés par des règles constantes.

Vous m'avez permis de soumettre à votre examen un projet que je n'aurais pas osé entreprendre si je n'avais appelé à mon aide la longue expérience de plus éclairés et de plus habiles ; si je n'avais d'ailleurs été convaincu du besoin, senti depuis si longtemps, d'un code de courses en France. Le premier pas ainsi fait, nous devrons introduire telles modifications que l'expérience et des exigences de localité rendront successivement nécessaires.

Dans l'espoir d'avoir mérité votre indulgente approbation, j'ai l'honneur d'être avec le plus respectueux dévouement,

Monseigneur,

De Votre Altesse Royale,

Le très-humble et très-obéissant serviteur,

Ch. Laffitte.

25 Mars [illegible]

COULEURS

PORTÉES PAR LES JOCKEYS.

(C. casaque. T. toque.)

S. A. R. Mgr le duc d'Orléans. C. écarlate, T. bleue.

MM.

Lord H. SEYMOUR.............	C. orange, T. noire.
Comte VAUBLANC..............	C. jaune, manches rouges, T. noire.
Comte VALEWSKI..............	C. rayé bleu et blanc, T. noire.
FASQUEL.....................	C. jaune paille, T. noire.
LE GIGAN....................	C. bleue et rouge, T. rouge.
SABATIER....................	C. vert et blanc, T. noire.
SANTERRE....................	
RIVIÈRE.....................	
Le major FRIDOLIN...........	C. bleu de ciel, T. noire.
LUPIN.......................	C. noire. T. rouge.
PALMER......................	C. bleue, manches noires, T. rouge.
GRIÈVES.....................	C. bleu foncé, T. noire.
Le prince de la MOSKOWA......	C. jaune, manches bleues, T. jaune.
de NORMANDIE................	C. blanche, T. blanche.
TURNER......................	C. blanche rayée chocolat, T. noire.
Le comte de GREFFULHE........	C. gros bleu, T. noire.
de LASALLE..................	C. jaune paille, T. rouge.
Le comte de BLANGY..........	C. rouge et blanc, T. rouge.
CUNINGHAM...................	C. bleu de ciel, T. noire.

Abréviations

POUR

DÉSIGNER LES DIVERSES COURSES.

Prix d'Orléans.	P. d'O.
— du Jockey-club.	J. C.
— des Chevaux de 2 ans. . .	2. A.
— d'Aumale.	P. d'A.

Cheval entier.	*c.*	Bai.	*b.*
		Noir.	*n.*
Cheval hongre.	*c. h.*	Bai brun. . . .	*b. b.*
		Gris.	*g.*
Jument.	*j.*	Alezan.	*al.*
		Roan.	*ro.*
Poulain.	*p.*	Napoléons . . .	*napol.*
		Courir ou payer.	*c. p.*
Pouliche.	*pche.*	Dédit.	*ddt.*
		Moitié dédit. . .	*1/2 ddt.*
Poney.	*py.*	Distance. . . .	*dis.*
		Retiré.	*re.*

Longueurs

DES

COURSES DE CHANTILLY.

	Mètres.		Milles anglais.
Prix d'Orléans.	1,950	à peu près	1 1/4
D° du Jockey-Club.	2,500	—	1 1/2
D° des Chevaux de deux ans. . .	815	—	0 1/2
D° d'Aumale.	5,850	—	3 3/4
D° des Haies.	3,900	—	2 1/2
Une distance.	235	—	» »

Le Mille anglais est à peu près 1,630 mètres.

CODE
DES COURSES
DE CHANTILLY.

Règles Générales.

1. Les chevaux prennent leur âge, à dater du 1er janvier, de l'année de leur naissance. Ainsi, un cheval né dans l'année 1838 aura un an le 1er janvier 1839.

2. On entend par :

Poids de hasard, une course, où, sans fixer de poids, chaque partie fait monter son cheval par une personne quelconque.

Par :

Poids de taille, une course dans laquelle un

cheval d'un mètre 353 millimètres porte un poids donné, suivant son âge, et tout cheval plus grand ou plus petit porte plus ou moins, dans la proportion de 3 kilogrammes par 25 millimètres.

Par :

PARI DE POTEAU, une course où on déclare courir un cheval d'un âge donné, sans le désigner autrement avant de l'amener au POTEAU DU DÉPART.

Par :

HANDICAP FORCÉ, une course où chacun engage son cheval ou ses chevaux, moyennant un certain enjeu, sans connaître ni la distance ni les poids ; une personne est désignée pour fixer la distance commune et les poids respectifs de chaque cheval, selon son mérite, son âge, etc., etc., et l'arrêt de ces conditions oblige chaque cheval à courir ou à abandonner son enjeu.

Par :

HANDICAP LIBRE, une course analogue à la précédente, excepté dans la faculté laissée à chaque cheval, après la publication des conditions, de les accepter ou de les refuser, sans perdre tout ou partie des enjeux.

3. Les chevaux se mesurent par mètres, et se chargent par kilogrammes.

4. Le cheval gagne, dont la tête passe la première le poteau du juge.

5. Personne ne peut faire courir plus d'un cheval, soit qu'il lui appartienne en tout ou en partie, soit en son nom ou en celui d'un autre, dans une course avec épreuves.

6. Dans une course en partie liée, où l'on ne court que trois épreuves, ne peuvent concourir pour la troisième que les deux gagnans de la première et de la seconde. Le second cheval sera celui qui aura gagné une épreuve.

7. Dans une course en partie liée ordinaire, le second cheval est celui qui bat les autres deux fois sur trois, bien même qu'il n'ait pas gagné une épreuve.

8. Quand le prix a été gagné en deux épreuves, les chevaux sont placés d'après leur ordre d'arrivée dans la deuxième.

9. Pour gagner un prix en épreuves, le cheval doit en avoir gagné deux, quand bien même il ne se serait présenté aucun concurrent pour l'une et l'autre.

10. Quand trois chevaux ont chacun gagné une épreuve, seuls ils doivent concourir pour une qua-

trième, d'après laquelle ils seront placés, étant égaux auparavant.

11. Si dans une course en partie liée on n'a pu distinguer quel cheval est premier dans une épreuve, l'épreuve devient nulle et tous les chevaux peuvent recourir, à moins que cette épreuve ne soit nulle entre deux chevaux qui déjà ont chacun gagné une épreuve.

12. Ne sont pas compris dans le poids les plaques des chevaux.

13. Sont distancés, les chevaux qui courent HORS DES POTEAUX, s'ils ne rentrent dans la lice par le même endroit d'où ils sont sortis. L'on entend par hors des poteaux, toute déviation de l'hippodrome tracé qui en abrège la longueur.

14. Sont distancés, les chevaux retirés avant que le prix soit gagné.

15. Sont distancés, les chevaux dont les jockeys croisent ou coupent.

16. Il n'y a pas de distance dans une quatrième épreuve.

17. Un cheval qui aura parcouru seul le terrain ou reçu dédit ne sera pas considéré comme GAGNANT, bien qu'il ait reçu le prix.

18. Une jument ou un étalon non éprouvés sont

celle ou celui dont les produits n'ont pas encore couru en public.

19. Si, dans une course, deux ou plusieurs chevaux arrivent tête à tête, ou courent une *épreuve morte*, ces chevaux seuls devront recourir de nouveau, et les autres demeureront placés, comme si dans le premier cas la course avait été décisive.

20. Quand une des conditions de la course est que le gagnant peut être réclamé pour une somme déterminée, les propriétaires seuls de chevaux engagés dans la course ayant le droit de le réclamer, le propriétaire du second cheval a la priorité, puis celui du troisième, etc., etc. Le réclamant pourra s'adresser, soit au propriétaire du cheval ou à son traîneur, ou au juge. Toutefois, le cheval réclamé ne sera remis que contre paiement, lequel devra être effectué le même jour que la course, soit dans les mains du propriétaire, soit dans celles du commissaire, sous peine de prescription. Et cependant, le propriétaire du cheval réclamé pourra exiger du réclamant qu'il prenne et paie le cheval, s'il ne l'a fait dans la journée.

21. Quand une des conditions d'une course est que, pour y être admis, un cheval doit n'avoir jamais gagné un prix d'une plus grande valeur que x,

il est entendu que de cette somme doivent être déduites l'entrée de ce cheval, ainsi que les charges du gagnant. Par exemple, qu'un cheval ait gagné une poule de six souscripteurs, à fr. 300 par cheval, le gagnant ayant à payer fr. 100 au fonds de courses, il pourra être admis à une course pour des chevaux qui n'auront jamais gagné un prix de plus de fr. 1,400.

22. Si dans une course dans laquelle le second cheval reçoit les entrées, il n'y a pas de second cheval, ces entrées devront être partagées également entre les souscripteurs du prix, ou rendues au donataire du prix, ou demeurer affectées à ce prix, s'il est annuel, jusqu'à ce qu'il y ait un second cheval.

DES PARIS.

1. Tout parieur a le droit d'exiger le dépôt des fonds, et sur le refus qui lui en serait fait, il peut déclarer le pari nul.

2. Le jour de la course, un parieur peut, en raison de l'absence de l'autre, faire une déclaration publique

du pari, sur le terrain, et demander si quelqu'un veut faire les fonds pour le parieur obsent, et si personne n'y consent, le pari peut être déclaré nul.

3. Si une course fixée pour un certain jour, pendant une semaine de courses, est remise par consentement mutuel à un autre jour de cette même semaine, tous les paris restent bons. Mais si, au lieu du jour, c'est la semaine qui est changée, les paris deviennent nuls.

4. On ne peut pas déclarer nuls sur le terrain de course les paris qu'on est convenu de payer ou de recevoir, à Paris ou dans tout autre endroit désigné.

5. Quand une personne a parié pour un cheval contre le champ, le champ se compose de tous les chevaux qui courent contre lui ; mais il n'y a pas de champ s'il ne part pas au moins un cheval contre lui.

6. Tous paris faits pendant que les chevaux courent ne sont décidés que quand le prix a été gagné, à moins qu'on ne soit convenu de parier pour l'épreuve en train.

7. Un pari fait entre deux épreuves est nul si le cheval sur qui le pari est fait ne recourt pas.

8. Si en pariant on a dit *courir ou payer*, le pari est bon quoique le cheval ne parte pas. Lorsqu'une

course est annoncée *courir ou payer*, cela signifie que tous les paris faits sur cette course sont considérés comme paris *c. ou p.*, sans qu'il ait été nécessaire de le déclarer.

9. Quand deux chevaux arrivent tête à tête dans une poule ou un prix, et que les parties conviennent de partager l'enjeu également, les paris se règlent comme suit : tout l'argent parié sur ces deux chevaux, ou sur l'un ou sur l'autre d'eux et le champ, est mis ensemble et réparti également entre les parieurs. Si, après l'*épreuve morte*, les enjeux sont répartis inégalement entre les deux chevaux, l'argent des paris est encore mis en commun et réparti entre les parieurs, dans la même proportion que les enjeux.

10. Si quelqu'un a parié pour un des chevaux qui ont couru l'épreuve morte contre un des chevaux battus, il gagne la moitié de son pari.

11. Si l'*épreuve morte* est le premier cas d'un pari double, le pari devient nul.

12. Une somme ou une prime donnée pour avoir engagé un pari ne devra pas être rendue parce que la course n'aurait pas lieu.

13. Tous engagemens et paris sont annulés par

la mort de l'une ou l'autre des parties, avant l'issue de l'engagement ou du pari.

14. Tout pari fait après la course, au moyen de signaux, d'indications quelconques, devra être considéré nul, frauduleux. Si un jockey ou traîneur, ou propriétaire, s'était rendu coupable d'une action aussi déshonorante, il ne pourrait plus ni faire courir, ni monter.

15. Tous paris doubles sont considérés *courir ou payer.*

Tous paris faits sur deux chevaux deviennent nuls, si plus tard ces chevaux deviennent la propriété du même individu, ou celle de son associé authentique.

16. Tous paris. faits sur deux chevaux, sont nuls, si aucun des deux ne gagne, à moins de stipulations particulières.

17. Du moment que la personne chargée de faire partir les chevaux a donné l'ordre aux jockeys de prendre leur place, le propriétaire de tout cheval qui arrive au poteau est engagé pour l'intégralité de son enjeu, et tous les paris relatifs à ces chevaux sont devenus *courir ou payer.*

DES NOMINATIONS.

1. En inscrivant un cheval, il suffira que son propriétaire le désigne par son nom, s'il a déjà couru dans les prix du Gouvernement, ou de la Société d'Encouragement, ou à Chantilly ou à Versailles. Si ce cheval n'est dans aucune de ces catégories, ou bien même dans le calendrier anglais des courses, son propriétaire devra donner le nom du père, de la mère, et de la grand'mère maternelle, à moins que le père et la mère ne soient eux-mêmes déjà enregistrés dans le *Stud Book*, français ou anglais.

2. Si la mère a été couverte par plusieurs étalons, il devra en être fait mention en donnant tous leurs noms.

3. Si un cheval est nommé ou entré dans une course, sans avoir satisfait à cette loi, il ne pourra pas partir, et son propriétaire n'en sera pas moins tenu de payer dédit, ou son enjeu, si la course est *courir ou payer*.

4. Tous les paris sur ce cheval disqualifié seront nuls.

5. Quiconque, ayant souscrit à un prix, désirerait se retirer, après la clôture des nominations, ne pourra le faire sans obtenir le consentement de toutes les parties intéressées.

6. Aucun individu ne pourra faire courir de cheval dans une course, si avant la clôture des entrées pour cette course il reste devoir des enjeux ou des dédits. Il n'en devra pas moins l'enjeu ou le dédit de cette même course à laquelle il aura souscrit: tous les paris sur ce cheval disqualifié seront nuls.

7. Dans toutes les courses où l'on admet une remise de poids pour les produits de chevaux ou jumens non éprouvés, cette remise de poids devra être réclamée par le souscripteur avant la clôture des nominations; l'omission de cette formalité fera perdre tout droit à cette remise.

8. Personne n'aura le droit de faire courir un cheval sans avoir payé son entrée ou son enjeu.

9. La veille de chaque jour de courses, ou le jour même avant dix heures du matin, l'ordre et l'heure des courses seront publiés par le juge et affichés dans la cour des écuries. Chaque montre devra être réglée sur l'horloge de l'église.

DES TRAINEURS ET JOCKEYS.

1. Chaque traîneur et jockey devra être au poteau avec son cheval à l'heure indiquée. Si, à l'expiration de cinq minutes, le cheval n'est pas prêt à partir, chaque délinquant paiera une amende de 20 à 100 fr. en faveur du fonds de courses.

2. Si, dans la course, un cheval pousse ou croise un autre cheval, prend la corde sans avoir trois bonnes longueurs d'avance, quitte son sillon pour barrer celui d'un autre cheval venant derrière lui, même avec plus d'une longueur d'avantage, ce cheval sera disqualifié ou distancé, soit pour s'être dérobé, soit pour la négligence ou la malice du jockey. De plus, tout autre cheval dans la course, appartenant en tout ou en partie au propriétaire du cheval ainsi disqualifié, sera également distancé. S'il peut être prouvé que le jockey dans cette circonstance s'est ainsi comporté avec une mauvaise intention, le juge, selon la gravité du cas, pourra le suspendre indéfiniment ou lui infliger une amende. Cette mesure est

d'autant plus impérieuse, que tant pour la sûreté des jockeys que pour la satisfaction du public, on ne saurait trop sévir contre toute manière déloyale de monter.

3. Toute réclamation relative à l'article ci-dessus doit être faite avant ou pendant le pesage du jockey plaignant, soit par lui, le traîneur ou le propriétaire, soit au juge ou à la personne chargée du pesage.

4. Les jockeys, après avoir passé le poteau du juge, doivent venir à cheval à la balance, et celui qui aurait descendu de cheval auparavant ou qui n'aura pas le poids voulu, sera distancé; à moins que dans le premier cas il ne soit tombé par accident; et alors si sa chute l'empêchait de remonter, il pourrait être transporté à la balance.

5. Si un jockey tombe de cheval pendant la course, et que le cheval soit remonté à l'endroit de la chute par une personne d'un poids suffisant, le cheval sera placé de même que si l'accident n'était pas arrivé.

Toutes les personnes qui désireront courir à Chantilly devront s'adresser au juge-commissaire avant le 1er avril, époque de la publication des listes. Elles auront à s'entendre avec lui dans le cas où le nombre des courses déjà inscrites ne pourrait plus être augmenté sans inconvénient.

A cette époque les fonds devront être déposés dans les mains du juge.

Toute personne, en engageant un cheval à Chantilly, devra se considérer comme liée par les présens réglemens.

Le juge pourra se faire remplacer par une personne compétente ou appointer aux emplois nécessaires; ses décisions seront sans appel. Le montant des prix, poules, etc., etc., sera remis aux gagnans en mandats à dix jours de vue.

Le Juge Commissaire,

Ch. Laffitte.

Calendrier
DES COURSES
DE
CHANTILLY.

CALENDRIER

DES COURSES.

ANNÉE 1835.

Dimanche 17 Mai 1835.

PRIX D'ORLÉANS, 3,500 fr.

Pour chevaux entiers et jumens de pur sang, de tout âge, nés et élevés en France ou en Belgique, 3 ans, 104; 4 ans, 113; 5 ans, 117; 6 ans et au-dessus, 121. Les jumens recevant 3 liv. Un tour en partie liée. Entrée, 2 napol. pour le fonds de course.

Helena, *j. g.* 5 ans, fille de Rainbow et Young-Urganda, app. à M. Rieussec. 1. 2. 1

Noema, *j. a.* 5 ans, fille de Rowlsdon et Vittoria, app. au comte de Cambis. 2. 1. 2

Moloch, *c. b.*, 4 ans, fils de Milton et Darthula, app. à M. Fasquel. 0. 0. r

Actrice, app. à M. Duval de Baulieu. . . . . 0. 0. r

PRIX D'AUMALE, 2,000 fr.

Trois fois le tour. 3 ans, 103; 4 ans, 112; 5 ans, 115; 6 ans, 118.

Arlette, *j. b.*, 5 ans, fille de Tigris et Pasquinade, app. à M. Fasquel. 1

Rolla, *c. g.*, 4 ans, fils de Rowlston et Hœbe, app. au comte de Cambis. 2

Pamela, *j. b.*, âgée, fille de Cap. Candid et Géane, app. au même. . 0

Offasdyke, *c. n.*, app. à M. Duval de Baulieu. 0

PRIX DE CHANTILLY, 1,200 fr.

Donnés par la ville pour tous chevaux qui, avant la course, n'auront jamais couru dans aucune course publique ou particulière. Poids 130. Un tour en partie liée.

Lise, *j. a.*, 4 ans, fille d'Eastham et Evelina, app. à M. Fasquel. 2. 1. 1

Sam, *c. a.*, app. à M. A. Fasquel. 1. 2. 2

Delpin, *c. b.*, app. à M. Duval de Baulieu. 0. 0. 0

Camille, *c. b. b.*, app. à M. Cutler. 0. 0. 0

Crocodile, *c. b.*, 5 ans, fils de Camel, app. au comte de Cambis, bat Anglesea, *c. a.*, 4 ans, fils de Sultan, app. au prince de la Moskowa. Un tour 1,000 fr.

UNE CRAVACHE,

Donnée par M. Demidoff. Entrée 200 francs. Un tour.

Brise-l'air, *pche. b.*, 3 ans, fille de Tancrède et Crystal, app. au comte de Cambis. 1

Spinette, *j. b.*, app. à M. le comte de Baulieu. 2

PRIX DES HAIES, 500 fr.

Entrée 200 fr. Deux tours et quatre haies. Poids 145.

Cleveland, *c. b.*, app. à M. Sannegon, monté par M. Alloard . . . 1

Counterpart, *c. b.*, app. au prince de la Moskowa, monté par M. E. Ney 0

Alexander, *c. b.*, app. à........, et monté par M. de Normandie. . 0

Le cavalier de Counterpart, arrivé premier, ne pesant pas le poids voulu, et celui d'Alexander n'étant pas revenu à la balance, ces deux chevaux ont été distancés.

ANNÉE 1836.

ANNÉE 1836.

Vendredi, 22 Avril 1836.

PRIX DE CHANTILLY, 1,200 FR.

Donnés par la ville pour tous chevaux qui, avant la course, n'auront jamais couru dans aucune course publique ou particulière. Poids 130. Un tour en partie liée.

HUMBUG, *c. b.*, app. à M Lecouteux 1. 1

LADY JANE, *j. a.*, appartenant à M. Turner 2. 2

REDINHA, *j. b. h.*, app. au prince de la Moskowa. 3. 3

ROBERT, *c. b.*, app. à lord Seymour, bat.

YOUNG CARBON, *c. a*, app. au comte Greffulhe. 1,000 fr. Deux tours.

POULE DE 500 FR.

Entrée 200 fr. Trois souscripteurs.

INDIANA, *p^che. a.*, 3 ans, fille de Tandem et Teneriffe, app. à lord H. Seymour. 1

VERONAISE, *j. a.*, 4 ans, fille de Captain Candid et Verona, app. au comte Greffulhe. 2

CITADELLE, *p^che. g.*, 3 ans, fille de Rowlston et Géane, app. au comte de Cambis. 3

PRIX D'AUMALE, 2,000 FR.

Trois tours. 3 ans, 103 : 4 ans, 112; 5 ans, 115; 6 ans, 118.

MISS ANNETTE, *j. b.*, 6 ans, fille de Reveller et Ada, app. à lord Seymour (Robinson), ... 1

Sylvino, *c. b. b.*, 4 ans, fils de Sylvio et Fair Helène, app. à M. Legigan. 2

Brise-l'air, *j. b.*, 4 ans, fille de Tancred et Crystal, app. au comte de Cambis. 3

Dimanche, 24 Avril 1836.

PRIX D'ORLÉANS, 3,500 fr.

Pour chevaux entiers et jumens de pur sang, de tout âge, nés et élevés en France ou en Belgique, 3 ans, 104; 4 ans, 113; 5 ans, 117; 6 ans et au-dessus, 121. Les jumens recevant 3 liv. Un tour en partie liée. Entrée, 2 napol. pour le funds de course.

Volante, *j. g*, 4 ans, fille de Rowlston et Géane, app. au comte de Cambis (Pavis). 1. 1

Albion, *c. a.*, 4 ans, fils de Tandem et Verona, app. à lord Seymour. 3. 2

Sylvino, *c. b. b.*, 4 ans, fils de Sylvio et Fair Hélène. 2. 3

Arlette, *j. b.*, 6 ans, fille de Tigris et Pasquinade, app. à M. Fasquel. 0. 0

PARI PARTICULIER, 500 fr.

Un tour.

Veronaise, *j. a.*, 4 ans fille de Capt. Candid, app. au comte Greffulhe, bat.

Citadelle, *pche. g*, 4 ans, fille de Rowlston, app. au comte de Cambis.

PRIX DU JOCKEY CLUB, 5,000 fr.

Entrée 500 fr. Dédit 200 fr. Dix souscripteurs. Un tour et demi. Poulains 100. Pouliches 97. Cinq souscripteurs ont payé dédit.

Frank, *p. b.*, fils de Rainbow et Teneriffe, app. à lord Seymour (Robinson) 1

Brougham, *p. b.*, fils de Cap. Candid et Coral, app. au comte de Cambis . . . .

Icare, *p. b.*, fils de Carbon et Felicia, app. à lord Seymour 0

Belida, *p[che]. a.*, fille de Tandem et Verona, app. à M. Lupin. . . . 0

Nair, *c. b. b.*, fils de Sylvio et Vesper, app. à M. Fasquel 0

UNE COUPE D'OR.

Donnée par le baron de Rothschild. Un tour.

Miss Annette, *j. b.*, 6 ans, fille de Reveller et Ada, app. à lord Seymour (Robinson). 1

Volante, *j. g.*, 4 ans, fille de Rowlston et Géane, app. au comte de Cambis. (Pavie). 2

Frank, *p. b.*, fils de Rainbow et Teneriffe, app. à lord Seymour (Robinson). 3

Moloch, *c. b.*, 5 ans, fils de Milton et Darthula, app. à M. Fasquel . . 4

PRIX DES HAIES.

Entrée 200 fr. Deux tours et quatre haies. Poids 145.

Cleveland, *c. b.*, app. à M. Sannegon, monté par M. Alloard. . . . 1

Redinha, *j. b.*, app. au prince de la Moskowa, montée par M. E. Ney. 2

Shackel, *c. b.*, app. à, et monté par M. de Périgord. 3

Lady Jane, *j. a.*, app. à, et monté par M. Turner. 4

ANNÉE 1837.

ANNÉE 1837.

Vendredi, 12 Mai 1837.

PRIX DE CHANTILLY, 1,200 FR.

Donnés par la ville pour tous chevaux qui, avant la course, n'auront jamais couru dans aucune course publique ou particulière. Poids 130. Un tour en partie liée.

GRISELDA, *j. g.*, app. à M. Sabatier (Mizen). . . . . 1. 1.
MALO-YAROSLAWETZ, *c. b.*, app. au prince de la Moskowa. . . 2. 2.
La GRISETTE, *j. b.*, app. à M. Turner. . . . . 3. 0. r
WEBB, *c. b.*, app. au comte Valewski . . . . 4. 0. r

Ont été retirés avant la course, Nabuchodonosor, appartenant à lord Seymour, et Zoë, appartenant à M. Fasquel.

PRIX D'AUMALE, 2,000 fr.

Trois tours. 3 ans, 90; 4 ans, 115; 5 a., 121; 9 a., 125.

MISS ANNETTE, *j. b.*, âgée, fille de Reveller, app. à lord Seymour (Flatman). 1
BAS DE CUIR, *c. b. b.*, 4 ans, fils de Sylvio, ou Mariner, et Burlesque, app. à M. Fasquel. 2

Ont été retirés, Agelie, Citadelle, Brougham, app. au comte de Cambis, et Belida, à M. Lupin.

POULE DE 200 FR.

Avec 500 fr. ajoutés par le fonds de courses. Trois souscripteurs ou pas de course.

Icare et Citadelle s'étant présentés seuls, il n'y a pas eu de course.

THE NEW BETTING ROOM STAKIS
(PREMIÈRE ANNÉE).

Poule de 1000 fr., moitié dédit, pour poulains et pouliches, de 3 ans. Poulains 100, pouliches 97. Un tour.

ESMÉRALDA, *pche. b. b.*, fille de Sylvio et Géane, app. au comte de Cambis, (Pavis). 1

DONA MARIA, *pche. b.*, fille de Royal-Oak et Teneriffe, app. à lord Seymour 2

JULIETTA, *pche. b.*, fille de Royal-Oak et Mantua, app. au même . . . 3

UNE BOURSE DE 1,000 FR.

Offerte par la réunion Palmer. Entrée 100 fr.

BROUGHAM, *c. b.*, 4 ans, fils de Captain Candid, app. au comte de Cambis, (Pavis) 0. 1

ICARE, *c. b.*, 4 ans, fils de Carbon, app. à lord Seymour 0. 2

BELIDA, *j. a.*, 4 ans, fille de Tandem, app. à M. Lupin. 3. 0

TOPAZE, *j. b. b.*, 4 ans, fille de Mariner et Darthula, app. à M. Raby. 4. 0

COURSE DE CHEVAUX DE CHASSE,

qui auront chassé régulièrement avec les équipages de Monseigneur le duc d'Orléans, du prince de Wagram, ou de M. Johnson. 500 fr. donnés par le fonds de courses. Entrée 200 fr. Deux tours. Poids 130.

CROCODILE, *c. b.*, fils de Camel, app. au comte de Cambis (Pavis) . . 1

LADY ALBERT, *j. b.*, fille de Langar et lady Easby, app. au prince de la Moskowa 2

SAM, *c. a.*, app. à M. Fasquel 3

POULE DE 25 NAPOLÉONS.

Trois souscripteurs. Un tour et quart. Poids 120.

CATALINA, *j. a.*, app. à M. Sabatier (Mizen) 1
TIGRIS, *c. a.*, fils de Rainbow, app. à M. Laffitte. 2
MAZEPPA, *c. b.*, app. au comte de Cornelissen 3

Dimanche. 14 Mai 1837.

PRIX D'ORLÉANS, 3,500 FR.

Pour chevaux entiers et jumens de pur sang, de tout âge, nés et élevés en France ou en Belgique, 3 ans, 104; 4 ans, 113; 5 ans, 117; 6 ans et au-dessus, 121. Les jumens recevant 3 liv. Un tour en partie liée. Entrée, 2 napol. pour le fonds de course.

FRANCK, *c. b.*, fils de Rainbow, app. à lord Seymour, a parcouru seul le terrain.

Ont été retirés, Volante, Agelie, Citadelle, Belida, Bas de Cuir, Rubis.

PARI DE 100 NAPOLÉONS.

Deux tours.

MALO-YAROSLAWETZ, app. au prince de la Moskowa, bat.
PILGRIM, app. au comte d'Hedouville.

HANDICAP LIBRE, 25 NAPOLÉONS.

Donnés par S. A. R. monseigneur le duc d'Orléans. Entrée, 5 napol. Un tour en partie liée.

LADY ALBERT, *j. b.*, âgée, fille de Langar et Lady Easby, app. au prince de la Moskowa, 125. . . . . 4. 1. 1
GRISELDA, *j. g.*, âgée, app. à M. Sabatier, 120. . . . . 1. 2. 3

YOUNG SAM, *c. a.*, âgée, app. à M. Fasquel, 112. . . . . . . 2. 3. 2

TOPAZE, *j. a.*, 5 ans, fille de Mariner et Pasquinade, app. à M. Raby, 97 . . . . 3. r

---

COURSES DE PONEYS.

Entrée 5 napol., avec 25 napol. ajoutés par le fonds de courses. Cour. ou pay. Un tour en partie liée.

LADY JANE, *j. a.*, app. à M. Wellesley, 111 . . . . 1. 1

MARION, *j. b. b.*, app. à M. Turner, 104. . . . . 2. 2

UNE BOURSE DE 15 NAPOLÉONS.

Donnée par monseigneur le duc d'Orléans. Entrée 5 napol. Courir ou pay. Pour chevaux ayant chassé la veille. Un tour. Poids 120.

FERGUS, *c. b.*, app. à M. Drake 1

TROY, *c. b. b.*, app. à M. Lecouteux. 2

PICOLA, *j. b. b.*, app. à M. de Cornelissen 3

---

5. PRIX DU JOCKEY CLUB, 5,000 FR.

Donnés par la Société d'Encouragement, pour poulains et pouliches de 3 ans, nés et élevés en France. Poulains 100 l. Pouliches 97. Le gagnant d'un prix au Champ de Mars portera 3 livres de plus; de deux prix, 7 de plus. Entrée 500 fr. Dédit 200 fr. Un tour et quart.

LYDIA, *pche. b.*, fille de Rainbow et Leopoldine, app. à lord Seymour, (Robinson) 1

ESMÉRALDA, *pche. b. b.*, fille de Sylvio et Géane, app. au comte de Cambis 2

N'ont pas été placés : Julietta, *pche. b.*, fille de Royal-Oak et Mantua app. à lord Seymour ; Laocoon, *pche. b.*, fils de Rainbow et Aimable, app. à M. Lupin. — Angèle, *pche. b.*, fille d'Augustus et Sweetlips', app. au comte de Cambis, s'est dérobée par-dessus les cordes.

Ont été retirées, Dona Maria, *pche, b.*, fille de Rainbow et Teneriffe app. à lord Seymour, et Norma, *pche. b.*, fille de Sylvio et Verona, app. à M. Lupin.

HANDICAP FORCÉ, 15 NAPOLÉONS.

Donnés par monseigneur le duc d'Orléans. Entrée 3 napol. Un tour.

CATALINA, *j. a.*, app. à M. Sabatier, 105 1

WEBB, *c. b. b.*, app. au comte Valewski 105 2

MOUNTAINEER, *c. b. b.*, app. à M. de Pontalba, 116 3

COURSE DES HAIES, 15 NAPOLÉONS.

Donnés par la ville, et 10 napol. ajoutés par le fonds de courses. Entrée 10 napol. Le dernier cheval paie l'entrée du second. Deux tours avec quatre haies. Poids 145.

GRISETTE, *j. b.*, app. à M. Turner, montée par lui-même 1

MAZEPPA, *c. b.*, app. à M. de Cornelissen 2

SPARROW-HAWK, *c. b.*, app. à M. d'Hinnisdale 3

RUFUS, *c. b. b.*, app. à lord Seymour 0

Ce dernier cheval, arrivé premier, n'étant pas revenu à la balance avec son poids, a été distancé.

ALBINO, *c. g.*, monté par M. E. Ney, courant la même course que la précédente, bat.

CLEVELAND, *c. b.*, app. à M. Sannegon, monté par M. Turner.

ANNÉE 1838.

ANNÉE 1838.

Vendredi, 18 Mai 1838.

PRIX DE CHANTILLY, 1,200 FR.

Donnés par la ville pour chevaux entiers, hongres, jumens de tout âge, de tout pays, de toute espèce, qui, avant la course, n'auront jamais couru dans une course publique ou particulière. Poids 130. Entrée 2 napol. pour le fonds de courses. Un tour en partie liée.

ANNE GREY, *j. b.*, 4 ans, fille de Belzoni et Ann de Guernstein, app. à M. Carter. 3. 1. 1

MARIONETTE, *j. b.*, 4 ans, fille de Sylvio et Burlesque, app. au major Fridolin. 1. 3. 2

BAY MARE, *j. b.*, 6 ans, fille de Camel et Harmony, app. à M. Lasalle de Nancy. 2. 2. 3

MARCELLA, pouliche *al.*, 5 ans, fille de Zingane et Emma, app. à M. Aumont . . . . 4. r.

PRIX DE L'ADMINISTRATION DES HARAS, 2,000 FR.

Pour chevaux et jumens de pur sang, nés et élevés en France. Poids, 3 ans, 90; 4 ans, 115; 5 ans, 121; 6 ans et au-dessus, 125. Les jumens reçoivent 3 liv. Deux tours en partie liée. Entrée 2 napol. pour le fonds de courses.

FRANK, *c. b.*, 5 ans, fils de Rainbow, app. à lord Seymour, a parcouru seul le terrain.

Ont été retirés, Miss Annette, Lælia, Volante.

PRIX DES CHEVAUX DE 2 ANS.

(PREMIÈRE ANNÉE.)

Entrée 200 fr. Moitié forfait pour poulains et pouliches de pur sang, nés et élevés en France. Trois souscripteurs ou pas de course. S'il y a plus de six

souscripteurs, le second cheval retirera son entrée. Poulains 107, pouliches 104. Distance 1,200 mètres.

Lantara, *p. b. br.*, fils de Royal-Oak et Naiad, app. à lord Seymour (Robinson) 1

Aspasie, *pche. b.*, fille de Royal-Oak et Waverley Mare, app. à M. Sauterre 2

Doctor Stello, *p. b.*, fils de Terror et Harriett, app. à lord Seymour. 3

Jean Sbogard, *p. b.*, fils de Cadland et Fair Helène, app. à M. Sabatier. 0

Ont été retirés, Actéon, à M. Rivière, et Belina à M. Lasalle de Nancy.

NEW BETTING ROOM STAKES,
(DEUXIÈME ANNÉE).

Entrée 1,000 fr. moitié forfait pour poulains et pouliches de 3 ans, poulains 103, pouliches 100. Un tour.

Dolorosa, *pche. b, b.*, fille de Sylvio et Sweetlips, app. au comte de Cambis (Pavis) 1

Fortunatus, *p. b.*, fils de Royal Oak et Maria, app. à lord Seymour. 2

Marie Louise, *p. b.*, fille de Napoléon et Noëmi, app. à M. Sabatier. . 2

Mandolina, app. au comte de Cambis, morte, Mergy, poul. Roan app. à M. Lasalle de Nancy, a payé dédit.

COUPE D'OR, OFFERTE PAR SOUSCRIPTION DE 25 NAPOLÉONS.

Entrée 100 fr. cour. ou pay. Pour chevaux de tout âge et de toute espèce. Chevaux de pur sang 157, de demi sang 145, un tour en partie liée. Gentlemen riders.

SOUSCRIPTEURS.

S. A. R. Mgneur le duc d'Orléans.
Le comte de Pembroke.
Le prince de la Moskowa.
M. Charles Laffitte.
Le comte de Champlatreux.
Le duc d'Ossuna.
Le comte Delagrange.
Le comte Greffulhe.
M. Rondeau de Courcy.
Le comte Valeswki.
M. de Morny.

Scroggins, *c. b.*, 4 ans, fils de Tramp et Arrot Lass, app. à lord Seymour (comte Vaublanc). 1 2 1

Mendicant, *c. al.* 4 ans, fils de Tramp, app. au prince de la Moskowa (M. Grieves) 2 1 2

Peau de Chagrin, *j. b.*, 5 ans (demi sang), fille de Middleton et d'une Rubens mère, app. au major Fridolin (M. Sansom) . . . . 3 r

Ont été retirés, Cartoon, au comte de la Grange; Heiress, fille de Colonel, au comte Valewski; Lincoln, fils de Negotiator, à lord Seymour.

Dimanche, 20 Mai 1838.

PRIX PARTICULIER. 50 napoléons.

Un tour.

Mendicant, *c. al.*, 4 ans, 130 app. au prince de la Moskowa (Robinson), bat.
Heiress, *j. al.*, 5 ans, 105, fille de Colonel et Codicile, app. au comte Valewski.

PRIX D'ORLÉANS, 3,500 fr.

Pour chevaux entiers et jumens de pur sang, de tout âge, nés et élevés en France ou en Belgique, 3 ans, 101; 4 ans, 113; 5 ans, 117; 6 ans et au-dessus, 121. Les jumens recevant 3 liv. Un gagnant de l'année 1837, portant 5 liv. de plus. Un tour en partie liée. Entrée, 2 napol. pour le fonds de courses.

Frank, *p. b.*, fils de Rainbow et Teneriffe, app. à lord Seymour (Robinson). 1.

Marionette, *j. b.*, 4 ans, fille de Sylvio et Burlesque, app. au major Fridolin . . . . 2. r

Ont été retirées, Zerlina, Lydia, Esmeralda et Angèle.

PARI PARTICULIER.

Un tour 500 fr.

Blancar, *c. al.*, app. au comte de Champlatreux, 105, bat.

Zerlina, *j. b.*, 4 ans, fille de Rowlston et Habi, app. au prince de la Moskowa, 115.

PRIX d'AUMALE, 1,000, fr.

Entrée 200 fr. cour. ou pay. Pour chevaux et jumens n'ayant jamais gagné un prix au-dessus de 2,000 fr. 2 tours; en partie liée, mêmes poids que pour le prix de l'Administration des haras.

Oak-Stick, *p. b. b.*, 3 ans, fils de Royal Oak et Teneriffe, app. à lord Seymour (Robinson). 1 1

Angèle, *j. b. b.*, 4 ans, fille d'Augustus et Sweetlips, app. au comte de Cambis. . . . . 2 r

Ont été retirés, Zerlina, Royal George, et Lélia.

HANDICAP DE 1,000 fr.

Offerts par S. A. R. le duc d'Orléans, entrée 100 3/4 du tour, en partie liée.

Julietta, *j. b.*, 4 ans, fille de Royal Oak et Mantua 115, app. à M. Lupin (Mizen). 1 1

Ont été retirées, Zerlina, Esméralda, et Viola.

PARI PARTICULIER, 1,000 fr.

Moitié dédit, 1 tour.

Mendicant, *c. al.* 4 ans, 110, fils de Tramp, app. au prince de la Moskowa, bat.

Scroggins, *c. b.*, 4 ans, 110, fils de Tramp et Arcot Lass, app. à lord Seymour.

COURSE DE PONEYS CORSES.

Entrée 100 fr. cour. ou pay. poids 75. Tout cheval retiré a ppartiendra au gagnant, un tour.

Fiasco, app. à M. Robin. 1
Piombino, à M. le comte Greffulhe. 2
Triste a Pattes, app. au comte de Chateauvillars. 3
Furioso, app. à M. David. 4
Le Géant, app. à M. de Bris. 5

PRIX DU JOCKEY-CLUB, 5,000 fr.

Donnés par la Société d'Encouragement, pour poulains et pouliches de 3 ans, de pur sang, nés et élevés en France. Entrée 500 fr. dédit 200 s'il est déclaré le 1er avril, un tour un quart à peu près, poulains 100, pouliches 97.

Vendredi, *p. b.*, fils de Caïn et Naïad, app. à lord Seymour (Robinson). 1
Margarita, pouliche *b. b.*, fille de Royal Oak et Manille, app. au comte de Cambis. 2

N'ont pas été placés : Fortunatus, fils de Royal Oak, et Maria, à lord Seymour ; Insulaire, fils de Lottery, Napoléon, ou Rowlston et Medea, app. à M. Lasalle ; Dolorosa, fille de Sylvio et Sweetlips app. au comte de Cambis.

Ont été retirés : Lady Emily, Lestocq. Nautilus, Memnon, Sarah, et Marie-Louise.

COURSE DES HAIES, 500 fr.

Donnés par la ville, 200 fr. ajoutés par le fonds de courses. Entrée 200 fr. Le dernier cheval payant l'entrée du second, poids, 150, deux tours avec 4 haies ; 2 souscripteurs ou pas de course.

Swift, *c. g.*, app. à lord Seymour (comte de Vaublanc). 1
Peau de Chagrin, *j. b.*, au major Fridolin (M. Grieves). 2
Malo-Yaroslawetz, app. au comte Greffulhe, s'est dérobé.

www.ingramcontent.com/pod-product-compliance
Ingram Content Group UK Ltd.
Pitfield, Milton Keynes, MK11 3LW, UK
UKHW021502260726
13993UKWH00004B/1531

9 782329 304618